REMARQUES

SUR

LES FORMES DU PRONOM PERSONNEL

DANS LES LANGUES ARIENNES,

EN GREC ET EN LATIN

PAR

J. BAUNACK.

Extrait des *Mémoires de la Société de linguistique*, tome V, 1ᵉʳ fascicule.

PARIS.

IMPRIMERIE NATIONALE.

M DCCC LXXXII.

REMARQUES

SUR

LES FORMES DU PRONOM PERSONNEL

DANS LES LANGUES ARIENNES,

EN GREC ET EN LATIN.

Un grand nombre de linguistes soutiennent encore que c'est dans la flexion du pronom personnel qu'il faut chercher les premiers commencements de toute déclinaison et attribuent aux formes qu'elle présente un caractère d'ancienneté extraordinaire. En ce qui concerne les langues slavo-lettes et germaniques, cette opinion a été combattue et réfutée avec raison par M. Leskien, qui, à la fin de son livre *Die Declination im Slavisch-Litauischen und Germanischen*, p. 138, traitant des pronoms de ces langues, donne la preuve détaillée qu'ils présentent des innovations nombreuses faites sur un fonds de racines et de formes anciennes. M. Brückner, s'attachant aux résultats acquis par M. Leskien, dans l'article *Zur Lehre von den sprachlichen Neubildungen im Litauischen* (*Archiv für slavische Philologie*, IV, 1), a traité à nouveau la même matière, et surtout il a discuté quelques formations dialectales modernes, disposées avec beaucoup de soin et de clarté, de manière que nous sommes instruits assez exactement de l'état et de l'ancienneté des pronoms personnels de ces langues. Sans doute, dans un champ aussi incertain, les conclusions, même les plus justifiées, devront souvent rester à l'état d'hypothèses. Car nous ne pouvons nous empêcher de reconnaître la justesse de cette observation de M. Leskien : « Kaum irgendwo ist die Neigung, die alten Bahnen zu verlassen und auf Grund irgend einer einzelnen Form die übrigen neu zu construiren so gross als auf diesem Gebiete. » C'est néanmoins sur le pronom personnel dans les langues ariennes, grecque et latine, que je me propose de donner ici quelques notes et conjectures.

Je traiterai premièrement des *racines* et ensuite de la *flexion* du pronom personnel.

I

Un phénomène qu'on peut remarquer dans plus d'une langue, en considérant les racines des pronoms personnels, — parmi lesquels je comprends le pronom réfléchi, qui marche toujours de concert avec eux, — c'est la tendance à mettre partout, c'est-à-dire dans les racines des trois personnes, des formes commençant par une consonne simple.

En laissant de côté le nominatif singulier de la première personne, qui n'a rien de commun avec les autres cas du même nombre, les racines de ces pronoms sont au singulier :

1° *Ma-*. Outre cette racine : *ma-na-* et *ma-ya*, desquels je traiterai ci-dessous.

2° *Tu-*, *tva-*, *tava-* et *tva-ya*. Pour ces formes, veuillez comparer ma dissertation : *Studien* de Curtius, X, 63.

3° Le pronom réfléchi présente les racines *su-*, *sva-*, *sava-*, dont la première *su-* se trouve dans le neutre sanscrit *su-am*, à moins que ce neutre ne soit formé en analogie de *tu-am*. La seconde racine, égale à la première augmentée du suffixe *a-*, apparaît dans l'adjectif sanscrit *sva-*, zend *hva-* ou *hFa-*, vieux perse *huva-*, grec *ὅς*; la troisième racine, *sava-*, se trouve dans le zend *hava-*, vieux latin *sovos*, lithuanien *savàsis*, grec *ἑ-ός*.

Il y avait donc deux motifs pour transformer, dans l'évolution postérieure des différentes langues, les racines *tva-* et *sva-* en *ta- et *sa- :* premièrement l'analogie des formes *tava-* et *sava-*, qui commencent par une consonne simple, et deuxièmement l'analogie de la racine *ma-*.

Déjà dans les temps indo-européens, cette formation analogique s'était accomplie dans le locatif *tuai*, ce qui est prouvé par l'accord des formes : scr. *te*, zd. *tẹ*, *tôi*, vieux perse *taiy*, gr. *τοί*. Comparez M. Wackernagel, *Zeitschrift* de Kuhn, XXIV, 599. Par conséquent, il faut regarder les formes qui s'emploient parallèlement aux précédentes : scr. *tve*, zd. *ϑϐẹ*, *ϑϐόi* (selon la transcription du zend proposée par M. Hübschmann, *Zeitschrift*, XXIV, 370), comme des formes reconstruites d'après les autres cas.

Cette simplification des sons initials dans les formes de la seconde et de la troisième personne se continue ensuite séparément dans les divers idiomes de la famille. En zend, elle donne naissance au datif *taibyô* ou *taibyâcâ*, qui est mis au lieu de *ϑϐai-byâcâ* et *ϑϐaibyô* sur le modèle de *ma-ibyô* et *ma-ibyâcâ*; quant à la désinence, j'en traiterai ci-après.

Plus qu'en sanscrit, cette formation analogique se trouve répandue en pâli : acc. *taṃ* au lieu de *tvaṃ*, formé d'après *maṃ*;

loc. *tayi* au lieu de *tvayi* d'après *mayi;* instr. *tayâ* au lieu de *tvayâ* d'après *mayâ.*

Il en est de même des formes suivantes : lat. *te, se;* goth. *eis, sik*[1]; vieux norr. *sér, sik;* enfin des cas correspondants des autres dialectes, puisque, dans les langues germaniques aussi bien qu'en latin, le *v* se conserve partout après l'*s.* C'est uniquement à l'influence de la première personne que sont dus les génitifs *þeina* et *seina;* ils ne s'expliquent ni par les racines *tu-, su-,* ni par les racines *tva-, sva-,* et doivent avoir été formés à l'instar du type *meina.* Mais *meina,* à son tour, remonte à **mein,* vieux norr. *mîn,* vieux haut allem. *mîn.* Probablement cette forme est le radical **ma-ja-* ou mieux **me-jo-* employé au neutre (comme en sanscrit *mama, tava* faisant fonction de génitif, *Studien* de Curtius, X, 64), muni secondairement du suffixe nasal usité en germanique : **mejeno,* **meino,* comme **anstejes, ansteis.* Si nous comparons ces formes *meina, mîn, mein* et lat. *meus,* vieux pruss. *mais,* scr. *mayâ,* il en découle peut-être que la racine *maja-* avait, dans la langue indo-européenne, surtout la fonction de possessif.

Enfin, notons encore les formes slaves *ti, si* faisant pendant à *mi;* *tę* (venant de **tâm* pour *tvâm*) et *sę* (venant de **sâm* pour **svâm*) à côté de *mę.* Je renvoie le lecteur au livre de M. Leskien.

Du reste, dans des langues plus modernes, on remarque la même tendance à simplifier les sons initials dans les formes de la deuxième et de la troisième personne. Ainsi l'on a cette très intéressante équation : ital. poss. masc. *tio, sio* (outre *tuo, suo*) : *mio;* | provenç. acc. masc. *tieu, sieu : mieu;* | acc. fém. *tia, sia* (outre *tua, sua*) : *mia;* | franç. *tien, sien : mien,* etc. | = slav. *ti, si : mi, tę, sę : mę.*

J'ai encore à mentionner le phonème initial de la racine grecque μo-, qui a reçu un ε prothétique au génitif, au datif, à l'accusatif : ἐ-μοῦ, ἐ-μοί, ἐ-μέ. Évidemment cette voyelle est partie de ἐγώ, et son adjonction n'a d'autre cause que le penchant de la langue à obtenir des formes isosyllabiques dans tout le système de la déclinaison. C'est là un point dont on devrait tenir plus de compte qu'il n'a été fait jusqu'à présent.

Quant au pronom de la deuxième personne, nous n'y trouvons que deux cas isolés d'une voyelle prothétique :

a. Studien, X, 72, j'ai attiré l'attention sur l'adverbe ἀσσέως (ἐπὶ σοῦ, Hésychius), qui a l'α prothétique fréquent devant *sigma;* comparez ἄ-σφι, ἄ-σφε, ἄ-σσα, ἀ-σπάλαξ, ἀ-στήρ[2]. A l'égard

---

[1] Par contre, les formes *þus, þuk* de la deuxième personne sont pour *þis, þik,* leur voyelle étant empruntée au nominatif *þu.*

[2] Ce vieux mot, sanscrit *star,* zend *stare,* se trouve sans voyelle prothétique dans le nom propre Κά-στωρ, que j'interprète par *contre-étoile* (Gegen-stern), c'est-à-dire l'astre qui brille à l'opposite de son frère jumeau Πολυ-δεύκης, *Pol-*

du σσ double j'adopte tout à fait l'opinion de M. Wackernagel, *Zeitschrift* de Kuhn, XXIV, 593.

b. L'autre exemple nous vient de la glose d'Hésychius : περὶ σεῖο· περὶ σοῦ καὶ περιέσσιον· περὶ σοῦ. Cette glose, qui nous est parvenue en cet état dans le manuscrit, en contient évidemment deux. Il faut la diviser comme suit : 1° περὶ σεῖο· περὶ σοῦ; 2° περὶ ἐσσίο[ν], ou plus probablement : περὶ ἐσσίος· περὶ σοῦ. Or cette forme ἐσσίος est, à mes yeux, le pendant de ἐ-μίος; comparez aussi τίος pour σοῦ.

Cette même voyelle prothétique transportée dans le pluriel se trouve peut-être dans un génitif de la première personne qui n'a point été expliqué jusqu'à présent, savoir : ἐ-νίων remontant à la racine *na-*, comp. scr. *nas*, zd. *nô*. La signification en est rendue dans Hésychius par ἡμῶν; nous y reviendrons plus bas.

Les racines du pluriel se composent de deux couples : *na* et *va*, *a-sma*, — dans la période indo-européenne *n̥-sma*, comp. F. de Saussure, *Syst. prim.* p. 25, — et *yu-sma* (en germanique, sans le second élément, *n̥-* et *ju-*, voyez ci-dessous). Bornons-nous ici aux remarques suivantes : *yu-sma-* se présente en vieux bactrien : 1° dans la forme *yûšma-* avec longue secondaire provoquée ou par la forme originaire du duel **yû-*, qui a péri, ou par une assimilation avec le singulier *tû*, accomplie d'abord au nominatif *yûžem* et qui se serait communiquée ensuite aux autres cas, ou enfin par le nominatif *yûš* à côté de *yûžem*; 2° dans la forme *χšma-*, Hübschmann. *Zeitschrift*, XXIII, 352.

En grec, cette forme se retrouve dans ὑμμε-, lequel perd l'esprit rude dans les dialectes éoliens (ὔμμε), mais le conserve dans les dialectes doriens et ioniens, l'imposant même par analogie à ἁμε-, ἡμε- pour ἀμε-, ἠμε-, Curtius, *Grundzüge*, 690.

Souvent nous voyons les racines du pluriel adopter le son initial du singulier. Un exemple qui se rapporte à la première personne est le slave *my* au lieu de *ny*, pruss. *mes* au lieu de *nes* (dont a traité M. Leskien). Peut-être aussi les formes du vieux norrois *mit* et *mér* à côté de *vit* et *vér*, *þit* et *þér* à côté de *it* et *ér*,

---

luces «le fort brillant». Κά au lieu de κατά comme dans Κα-σταλία, voyez *Studien*, X, 109. Κά-στωρ, Κά-στορος : ἀ-στήρ, ἀ-στέρος = προ-πάτωρ, προ-πάτορος : πατήρ, πατρός. Dès lors, pour en faire ici mention, ne semble-t-il pas probable que le nom propre Κά-δμος est de même formé de κά (quant au second élément, comparez ἀ-δμής, δμώς, δμητήρ) et que Κά-δμος, c'est-à-dire ὁ κατα-δαμάζων ἥρως, signifie le dompteur, le vainqueur, en allemand «Nieder-zwinger»? Comparez aussi le surnom de Ποσειδῶν dans Pind. *Ol.* 13, 96 : Δαμαῖος. N'est-ce pas là le nom qui conviendrait à un héros vainqueur des autochtones de Béotie? Ajoutez que le mythe du dragon tué près de la source d'Arès s'accorde non moins bien avec notre supposition. Rien n'empêche que Κάδμος ne soit un nom hellénique, et on voit que sa forme s'explique, en effet, très facilement par le grec, bien que, du côté de l'histoire, on ait cru devoir lui chercher une étymologie étrangère.

ont-elles été déterminées en partie par l'influence des consonnes caractéristiques des singuliers; comparez cependant sur ces formes Wimmer, *Altnord. Gramm.*, trad. allemande de Sievers, p. 92, note 2, et Holtzmann, *Altdeutsche Gramm.*, 121. Aux formes norroises *þit* et *þér* répondent exactement dans le dialecte des îles Fær-oer *tit* et *taer*, et le même dialecte a introduit le son initial secondaire (*t*) dans les formes du duel : *tikkara, tikkum, tikkur*. En regard des formes norroises *ykkar, ykkr, ykkr*, l'innovation me semble être hors de doute. Voyez Heyne, *Laut- und Flexionslehre der altgermanischen Dialecte*, p. 333.

Un autre cas tout évident d'une telle assimilation s'offre dans le pronom de la deuxième personne en pâli : *tumhe, tumhebhi, tumhâkaṃ, tumhesu,* au lieu de *yumhe, yumhebhi,* etc.; puis, dans la première personne, *mayaṃ*, remplaçant *vayam*, comme en slave *my*. Comparez E. Kuhn, *Beiträge zur Pâligramm.*, p. 86.

Après ces remarques sur les racines, passons à l'analyse de leur flexion, en considérant successivement les différents cas de la déclinaison.

II

α. LE NOMINATIF DU SINGULIER ET DU PLURIEL.

Le nominatif singulier de la première personne contient évidemment, outre la racine encore inexpliquée *agh-*, la finale *-am*, qui, étant attestée sous cette forme par la majorité des langues indo-européennes, remonte nécessairement à la période proethnique (comparez scr. *ahám*, zd. *az-em*, vieux perse *ad-am*, slav. *az-ŭ*, lith. *az* et *asz*).

Il n'est pas vraisemblable en revanche que le nominatif de la seconde personne doive s'interpréter de manière analogue. Car le vieux bactrien *tû* (à côté de *tûm*, Θ-ϐ*ām*), le grec τού, τύ, σύ, le latin *tû*, le slave *ty* [1], le lithuanien *tu* demandent une forme primitive indo-européenne *tu*, et je crois pouvoir supposer pour le sanscrit *tu-am* une augmentation hystérogène faite d'après son pendant *ah-am*. En vieux bactrien, la forme ancienne s'est maintenue à côté de la forme récente. Aussi le béotien τούν et le laconien τούν-η sont-ils de nouvelle date et formés sous l'influence soit de ιών, soit de ἐγών-η (ἐγώ · Λάκωνες, Hésychius).

Le védique *su-am* nous offre une autre formation par analogie.

L'extension du même suffixe *-am* aux cas correspondants du pluriel : *vay-am, yûyam,* zd. *vaem, yûžem,* est commune à l'indien

---

[1] L'allongement de la voyelle en slave et en latin est peut-être celui qu'on a souvent signalé chez les monosyllabes de toute espèce.

et à l'iranien et remonte probablement à l'époque de l'unité
arienne. Ces formations, comme il faut le supposer *à priori*, sont
basées sur des nominatifs pronominaux : **va-i*, **yu-i*, pareils à *te*,
formé de *ta-i*, ou à *amî*, formé de *ami-i*; comparez aussi scr. *kat-i*,
yat-i, *tat-i*, zd. *cait-i*, lat. *tot-i-dem*. Ce sont des nominatifs de formation iotacistique et qui sont à *vas, nas* comme ἵπποι est au scr.
açvâs.

Le vieux bactrien *yûžem* ne saurait représenter une forme identique au sanscrit *yûyam*. L'essai de Schleicher pour l'expliquer
(*Compendium der vergl. Gramm. der indo-germ. Spr.*, p. 635) me
semble insoutenable. M. Hübschmann, dans ses *Iranische Studien*
(*Zeitschrift*, XXIV, 3ₐ3), ne résout pas davantage le problème.
Tout en maintenant l'identité des deux formes autant qu'on en
peut juger par les mots «*yûžem* aus *yûyam*», il relève cependant, à
propos de la règle ci-après, l'anomalie qui réside dans le *ž* pour
y : «*y* wurde weder zum Verschlusslaut, wie *v* zuweilen zu *b* oder
p, noch zur Spirans (von einem Falle : *yûžem* aus *yûyam* abge-
sehen), blieb also *y*, auch wo es consonantisch war. » Il est indu-
bitable, d'après cette règle, que *yûžem* est une innovation. J'ai
hésité entre les deux possibilités suivantes : Aurait-on, sur le modèle de *azem*, forgé une forme *yûzem* qui devait nécessairement
se changer en *yûžem*, tandis que la forme primitive **yui-am* (qui
eût donné **yuęm*) tombait en désuétude? Ou faut-il supposer que
primitivement en zend le seul nominatif légitime de la deuxième
personne était *yûš*, lequel existe à côté de *yûžem*, — comparez
lith. *jûs*, goth. *jus*, — et que, plus tard, cette forme *yûš* fut augmentée du suffixe *-am, -em* en analogie de *azem, vaęm* (=**vai-am*)
et *tûm* (=**tu-am*)? On aurait obtenu de la sorte **yûš-em*, puis
yûž-em; comparez χšvaš et χšvaž-*aya*, Ɵriš, et Ɵriž-*aδ*, *duš* et
duž-ɵpa-. Nous posons la proportion : *tû : tûm = yûš : yûž-em*. Il
est possible, il est même fort probable que cette dernière alterna-
tive mérite la préférence. C'est de cette manière qu'on s'explique
le mieux l'*û* long de *yûžem*. Le sanscrit de même a l'*û* long dans
yûyam. Partant de là, on devra abandonner l'explication de *yûyam*
proposée précédemment (*yû-i-am*). Il est plus simple, en effet, de
dire que les Hindous ont connu avant l'époque historique le nominatif *yûs*, comme les Bactriens, les Lithuaniens et les Goths,
et que la forme *yûyam* est due à l'analogie de *vayam* (*yû-yam : yûs*,
d'après *vayam*, = *tu-am : tu*, d'après *aham*).

Entre les formations *vayam, yûyam* et *svayam*, il y a certainement la connexité la plus étroite. Car *svay-am* est à *su-am* et *svâm*
comme *yûyam* est à *tu-am* et *tvâm*, comme *vay-am* est à *ah-am* et
mâm. On ne saurait méconnaître un parallélisme aussi remarquable. Plus tard *svayam* fut employé aussi pour le singulier.

Quant au vieux bactrien χaę-, qui ne se rencontre qu'en composition, c'est un nominatif pronominal du pluriel, comme par exemple *taç-(ca)*.

Il n'y a rien de commun entre ces nominatifs pluriels de l'arien et les formes européennes. Les nominatifs latins *nōs* et *vōs* ne sont comparables qu'au zend *nå* et *vå* et représentent des formes nominales de racines pronominales : *nå* et *nôs* = *nâs*, *na-as*. La déclinaison s'y montre extrèmement simplifiée. D'abord il se forma du nominatif-accusatif *nos*, *vos* un adjectif *noster*, *voster* (*ves-ter* de *ves* = scr. *vas*, zd. *vô*, goth. *veis* pour *vis*, *ves*), dont le génitif singulier et pluriel fournit les formes du génitif des pronoms personnels. Il manquait encore le datif : *nobis* et *vobis* sont à *nos* et à *vos* comme *duobus* à *duo*, c'est-à-dire que ces cas sont formés au moyen du suffixe pluriel ajouté à la voyelle du nominatif.

Le nominatif pluriel en grec sera examiné dans la discussion des cas obliques; voyez page 11.

Considérons maintenant :

β. L'ACCUSATIF SINGULIER ET PLURIEL.

Si, d'une part, le sanscrit *mâm*, *tvâm*, le vieux bactrien *mãm*, *ɔ-ɓãm* et le slave *mę*, *tę*, *sę*, descendent de primitifs *mâm*, *tvâm*, *svâm*, un autre accusatif indo-européen *ma*, *tva*, *sva* résulte certainement de la conformité du gothique *mi-k*, *si-k* avec le grec *ἔ-μέ-γε*, *σέ*, *ἕ*. Il y avait, par conséquent, dans les temps indo-européens deux formes de l'accusatif, dont l'une, la plus courte sans doute, avait apparemment l'emploi d'une enclitique, tandis que la seconde, augmentée de *-am*, se disait emphatiquement. Plus tard, les langues filles firent prévaloir tantôt l'une, tantôt l'autre. Schleicher fait remonter les accusatifs des pronoms personnels de toutes les langues de la famille aux formes primitives *ma-m*, *tva-m*. C'est une thèse difficile à justifier.

Les formes latines *mê*, *tê*, *sê* sont, à mes yeux, de la formation la plus courte aussi bien que les formes grecques. La quantité de leur voyelle est secondaire, comme au nominatif *tû* (p. 7), ce qui n'est pas inexplicable chez des monosyllabes.

Il me reste à mentionner la forme grecque *ἑέ*. Évidemment, en regard du simple *ἕ*, qui est le produit de *sva*, *ἑέ* doit être une innovation faite, ainsi que le pense Schleicher, sur la racine *sava-*.

La forme primitive de l'accusatif pluriel est, nous le verrons, très difficile à fixer. En sanscrit on a : *asmân*, *yushmân*, en zend *ahma*, *χšmâ*. Cette forme *χšmâ*, pour le dire en passant, est à la vérité un accusatif; mais on l'emploie comme nominatif en la remplaçant à l'accusatif par *vô*, *vå*. Le latin, comme nous l'avons vu, n'éclaircit rien. Mais, pour la forme primitive du grec, il faudra poser ἄμμε, ὕμμε. Car lesb. ἄμμε, ὕμμε, ἄ-σφε, dor. ἀμέ, ὑμέ, σφέ, syracus. ψέ sont manifestement plus anciens que les formes attico-ioniennes faites à l'aide de -ας : ἠμέ-ας, ὑμέ-ας, σφέ-ας, et leur conformité (ἄμμε, ὕμμε) avec les cas du singulier μέ, σέ, ἕ remonte aux temps panhelléniques. Rien n'autorise à voir dans ces accusatifs pluriels en -ε des formations nouvelles en analogie de μέ, σέ, ἕ. On remarquera en revanche que le pluriel des pronoms personnels prend à plusieurs cas les terminaisons du singulier, parce que dans ces mots l'expression de la pluralité réside dans les *racines* mêmes. Dans la suite, on voulut atténuer cette disparate en accolant par surcroît les désinences du pluriel au suffixe du singulier. Les cas ariens du pluriel offrant les terminaisons du singulier sont : l'instr. *asmâ, *yushmâ (comparez le véd. *yushmâ-nîta* « von euch geleitet », *yushmâ-datta* « von euch gegeben » et zd. *ehmâ, χšmâ*), le dat. *asma-bhi-am, yushma-bhi-am* (comme *ma-bhi-am, tu-bhi-am*), zd. *ahma-ibyâ-câ, yušma-ibyâ-câ*, l'abl. *asmat, yushmat* (comme *mat, tvat*), zd. *yušmaδ* et *χšmaδ*, enfin le génitif, qui, de même que le génitif singulier, remplace le neutre d'un possessif au singulier. Mais, tandis que le datif, l'ablatif et le génitif demeuraient intacts, « on forma de l'ancien instrumental *asmâ, yushmâ*, au moyen du suffixe *-bhis*, *asmâ-bhis* et *yushmâ-bhis*, la signification grammaticale de ces formes poussant peu à peu à y joindre les suffixes du pluriel » (Johannes Schmidt, *Zeitschrift*, XXV, 6). C'est un exemple de transformation tout semblable que je voudrais constater pour le cas de la déclinaison qui nous occupe. Fondé sur le double témoignage du grec ἄμμε, ὕμμε et du zend *ahma, ehma*, je pose pour la plus vieille forme de l'accusatif pluriel : *asma* et *yusma*, qui se trouvent en harmonie parfaite avec les accusatifs du singulier *ma, tva, sva*, et quant aux formes plus récentes *asmân, yushmân*, ion.-att. ἠμέ-ας, ὑμέ-ας, σφέ-ας (contractées en ἡμᾶς, ὑμᾶς, σφᾶς), j'admets qu'elles offrent la répétition du procédé illustré par *asmâ : asmâ-bhis*. Pour cette *pluralisation* de formes du singulier, comparez les formations plus modernes, telles que lett. *tai-s, tami-s, tani-s*, formées au moyen du suffixe pluriel *-s* attaché aux formes du singulier particulières au lette *tái, tamí, taní* (Leskien, déclin.).

La même observation jette, ce me semble, quelque jour sur le génitif pluriel des pronoms grecs. Il est de toute impossibilité, vu la divergence des idiomes congénères sur ce point, de déterminer la forme proethnique correspondante. L'arien remonte à *asmâkam* et *yushmâkam*, tandis qu'en grec on devra reconnaître comme des formes panhellènes ἀμμέων, ὑμμέων. Il suffit, pour s'en convaincre, de comparer lesb. ἀμμέων, ὑμμέων, béot. ἀμίων, οὐμίων, dor. ἀμέων, crét. ἀμίων, ὑμέων (contr. ἀμῶν, ὑμῶν), aussi σφέων (Ahr. II, 259), syracus. ψέων (ainsi que ἕων, ὧν dans Sophron), ion.-att. ἡμέων, ὑμέων, σφέων, contr. ἡμῶν, ὑμῶν, σφῶν. Dès lors, les formes d'Homère ἡμείων, ὑμείων, σφείων et de même le lesb. σφείων ne peuvent être que des innovations. A son tour, ἀμμέων, la forme panhellène, n'est sans doute que d'une antiquité relative. Il est difficile de dire avec certitude d'où elle peut être sortie. Le nominatif et l'accusatif paraissent avoir joué un rôle dans sa composition, et ceci nous amène à discuter le nominatif pluriel grec que nous avions réservé jusqu'ici.

Les formes : lesb. ἄμμες et ὔμμες, béot. οὔμές et ὐμές, enfin dor. ἀμές, ὑμές, d'après lesquelles σφές, convergent vers les primitifs *asmas, *yusmas, qu'on peut regarder comme assurés. Au contraire, ion.-att. ἡμεῖς, ὑμεῖς, σφεῖς doivent en être séparés comme plus modernes. Je ne sais, en effet, comment l'on pense à établir le trait d'union entre ἡμεῖς et ἄμμες. Ramener cette dernière forme à *ἀμμέ-ες (pour ἀμμεj-ες), comme le veut Schleicher, est simplement impossible, et il reste à démontrer l'existence d'une racine ἀμμι- parallèle à asma-. Reconnaissons plutôt que les formes grecques nous forcent à remonter à l'archétype *asmas, *yusmas, si singulière que puisse paraître la formation de ce nominatif, qui aurait dû être, semble-t-il, *asme, gr. *ἄμμοι, ou tout au moins, en prenant la désinence nominale, *asmās (cf. açvās), gr. *ἄμμως.

Il faut donc se borner à poser que ἄμμες est la forme primitive en grec. Cette forme devient plus claire par la comparaison du sanscrit nas et vas, du zend nô et vô, du latin ves- dans ves-ter, tirés des racines na- et va-.

$$*Asmas, \ ἄμμες : asma\text{-} = nas : na\text{-}.$$
$$= jus^{1} : ju\text{-}.$$
$$= goth. \ uns \ (= ṇs) : ṇ\text{-}^{2}.$$

Cela étant, il est difficile de décider si la transformation du génitif pluriel indiquée plus haut est partie du nominatif ou de l'accusatif ἄμμε, ὔμμε. Il n'y aurait rien d'extraordinaire que le nominatif ἄμμες eût servi à former un génitif *ἀμμέσ-ων. Ce que M. Leskien dit du slave nasŭ pour nas-sŭ fournit le meilleur commentaire à cette hypothèse[3]. Peut-être une autre forme du pronom grec s'explique-t-elle de la même manière. Hésychius offre la glose ci-dessus mentionnée ἐνίων · ἡμῶν que M. Reiske corrige en ἐνίων · τινῶν, M. Mor. Schmidt en Ἐπειῶν · Ἠλείων (!).

---

[1] Zend yús, lith. jús, goth. jus.

[2] Racine qu'on trouve augmentée de -sma- dans a-sma-, gr. ἄμμε. Cf. F. de Saussure, *Syst. primit.*, p. 25.

[3] Je rappelle aussi le gothique *unsis* formé en ajoutant à l'accusatif *uns* le suffixe *-is* abstrait du datif singulier *mis*. Comparez encore lith. *jaunósu*. (Schleicher. *Lit. Grammatik*, 209.)

Mais, sans y rien changer, on peut interpréter ἐνίων comme étant
pour ἐ-νέων, ἐ-νέσ-ων, c'est-à-dire que ἐνίων renfermerait le génitif de *ϝεσ = arien *nas* (cf. lat. *ves* dans *ves-ter* = arien *vas*).
Pour ce qui est de la voyelle prothétique, j'en ai déjà traité, et ι
comme affaiblissement de ε ne fait aucune difficulté (cf. crét.
ἀμίων, ἴομεν, héracl. Τιμοκράτιος, béot. Κλίων).

D'autre part, c'est peut-être dans l'accusatif ἄμμε qu'il faut
chercher la base de ce génitif. Il est possible enfin qu'on ait abstrait à la fois du nominatif ἄμμες et de l'accusatif ἄμμε le radical
qui a donné ἀμμέ-ων, de même que πολέ-οιν s'est établi sur un
thème fictif πολε-. Comparez ἀμμέ-τερος pour un ancien *ἀμμό-
τερος parallèle à ἀμφό-τερος et le datif lesbien plus récent ἄμμε-
σιν.

Quelle que soit l'hypothèse à laquelle on s'arrête, le génitif
ἀμμέ-ων, une fois créé, entrait avec l'accusatif *ἀμμέ-ας ου ἡμέ-ας,
qui n'est qu'une *pluralisation* de ἄμμε au moyen de la terminaison
-ας, dans le paradigme de la déclinaison en -ι (πόλε-ων, *πόλε-
ας). Voilà, j'en suis persuadé, ce qui donna occasion aux Ioniens
de faire passer le nominatif dans la même déclinaison et de dire
ἡμεῖς, ὑμεῖς, σφεῖς au lieu de ἡμές, ὑμές, σφές. Le datif pluriel,
comme nous le constaterons plus tard, dut contribuer aussi pour
sa part à amener ce changement.

γ. L'INSTRUMENTAL SINGULIER.

L'instrumental, comme on sait, n'est conservé que dans l'arien :
scr. *mâ et *tvâ*, zd. ϴϐâ. Nous ne sommes plus à même de décider si *tvâ* se décompose en *tu-â* ou en *tva-â*. Les formes *mayâ* et
tvayâ, d'origine plus récente, sont ou les instrumentaux des racines *maya-* et *tvaya-*, ou le résultat de transformations opérées
sur *mâ, *tvâ* et analogues à celles qui ont produit le locatif *mayi*
à côté de *me*. Ce locatif a été tiré secondairement de la racine *ma*
au moyen du suffixe casuel -*i : mayi : mê* = *yayos* (gén. loc. duel) :
véd. *yos*.

Les accusatifs *mâm, tvâm* ne ressemblaient dans le système de
la déclinaison qu'aux accusatifs féminins comme *açvâm*; c'est ce
point commun qui a pu provoquer les instrumentaux *mayâ,
tvayâ*, parallèles à *açvayâ*.

La forme du pluriel *asmâ-bhis, yushmâ-bhis* est déjà traitée;
voyez page 10.

δ. LE DATIF SINGULIER.

En considérant le datif, si nous mettons en comparaison le
latin *mihi* et *tibi* avec le sanscrit *ma-hi-am, tu-bhi-am*, zend *ma-
ibyas-çiδ, ma-ibyâ-çâ, ta-ibyô* et *ta-ibyâ-çâ*, nous arrivons à ce résultat

que, pour la première personne, la forme indo-européenne a été probablement *ma-hi, né par dissimilation de *ma-bhi, et que celle de la deuxième personne a dû être *tu-bhi. Si la reconstruction de *ma-hi est juste, le zend maibyô, présentant le b, aurait été formé à nouveau d'après taibyô. Cependant on peut aussi défendre l'opinion qui veut que le sanscrit mahiam et le latin mihi n'aient subi la dissimilation qu'après la séparation des langues et qui, en analogie de tubhi, suppose un indo-européen mabhi. C'est une question difficile à trancher.

Les formes que nous offrent les différentes langues donnent lieu à plusieurs remarques.

En latin, le vocalisme radical de tibi et sibi est sous l'influence de mihi.

Relativement aux suffixes des formes du zend, il faut séparer -byas-ciδ (ou -byô) de -byâ-câ. Le premier appartient au pluriel; nous en pouvons conclure que les Bactriens, après avoir pluralisé le datif pluriel qui, primitivement, avait la forme d'un singulier (scr. asma-bhi-am, yushma-bhi-am) et formé de la sorte *ahmaibyas et *yûšmaibyas, changèrent par analogie les formations pareilles du singulier: *maibyām et *taibyām en maibyas et taibyas. C'est ainsi qu'en pâli les génitifs du singulier mamaṃ et tavaṃ, à côté de mama et tava, doivent leur origine à amhâkaṃ et tumhâkaṃ.

L'autre suffixe, -byâ, se résout en -by-â et contient cet â marquant le locatif, dont M. Osthoff a traité en détail (*Morphologische Untersuchungen*, II, 76). Ce suffixe est donc propre au singulier; mais il n'en a pas moins été transféré aux formes du pluriel ahmaibyâ-câ et yûšmaibyâ-câ, de même qu'en gothique l'agrégat suffixal -is de mis, *þis, sis a passé à ugk-is et à uns-is (voy. p. 20).

Dans la forme sanscrite, nous retrouvons une fois de plus la syllabe -am comme suffixe dépourvu de signification. Nous avons reconnu, à l'accusatif, dans cet -am un simple appendice ajouté à ma et à tva, et nous pouvons constater encore ici qu'il est secondaire; peut-être le nominatif aham, où -am peut se prouver pour l'indo-européen, en est-il le seul point de départ. Un parallèle nous est offert dans le pronom latin idem, eadem, idem. Identifiant le nominatif-accusatif neutre id-em avec le sanscrit id-am, j'admets que c'est de là que la finale -dem, détachée comme suffixe déterminatif, a pénétré dans les autres cas[1]. On cherchait à étendre

---

[1] En général, pour le faire remarquer en passant, il n'est pas rare qu'un élément radical devienne, pour le sentiment de celui qui parle, partie intégrante du suffixe. On peut distinguer trois cas, selon que c'est une voyelle, une consonne ou toute une syllabe qui se détache de la sorte du radical. J'indique en termes succincts quelques exemples. Les Grecs se sont créé par ce procédé une terminaison adverbiale -dus qui était originairement -us (voyez *Zeitschrift* de Kuhn, XXV, 236). En latin vulgaire, la forme tout à fait isolée nesciocubi a été faite sur le

à la déclinaison entière le parallelisme qui existait entre *id* et *id-em*. De là *eius : eius-dem, eum : eun-dem.*

Les datifs pronominaux helléniques doivent rester séparés des formes ariennes et latines traitées précédemment; car le suffixe primitif *-bhi* s'est perdu en grec, peut-être sans laisser aucune trace [1].

Il a été remplacé par le suffixe du locatif. Car, indubitablement, ἐμοί, σοί, οἷ sont des locatifs selon la déclinaison nominale qui ont leurs parallèles dans le sanscrit *me, tve, te* et dans le zend *môi, mę, ϑϐôi, ϑϐę, tôi, tę.*

En sanscrit, au pluriel, nous attendons *à priori*, si nous comparons par exemple *tasmin*, des locatifs comme **asmin, *yushmin* formés des racines *asma-, yushma-.* Cependant ces formes ne se rencontrent jamais. A leur place nous avons *asmâ-su* et *yushmâ-su*, innovations spécifiquement sanscrites munies d'un suffixe du pluriel et qui ont emprunté leur partie radicale à l'instrumental *asmâ-bhis, yushmâ-bhis* (comparez Joh. Schmidt, *Zeitschrift*, XXV, 6, note). Il faut encore citer les formes *asme* et *yushme*. L'explication en est des plus faciles. A mes yeux, ce sont des créations nouvelles faites à l'image des locatifs du singulier. Leur fonction n'est pas suffisamment fixée. Ce qui est certain, c'est qu'ils ont été employés comme des locatifs et des datifs; et ce dernier emploi n'est pas plus extraordinaire que celui du grec μοί pour le datif. Selon Pân. VII, 1, 39, et Nirukta VI, 7, les formes *asme* et *yushme* peuvent s'employer pour tous les cas. Peut-être la chose s'explique-

modèle de *alicubi, necubi, sicubi* (cf. Schuchardt, *Der Vocalismus des Vulgärlat.*, II, 50). Dès les temps les plus anciens, nous constatons des accidents semblables. Ainsi, le suffixe sanscrit *-tât* qui donne des adverbes de lieu s'ajoute le plus souvent à des adverbes en *-s* (lesquels sont, à mon avis, des génitifs), et de là il se propage sous la forme *-stât.* D'après les formations régulières *puras-tât* «devant», *adhas-tât* «dessous», *paras-tât* «encore, de plus», *avas-tât* «en bas», on fit : *adhara-stât* «au-dessous», *upari-stât* «au-dessus». C'est en l'honneur de ces dernières formes que M. Benfey, dans sa *Vollständige Gramm. des Sanscrit,* distingue assez inutilement un second suffixe *-stât.* Troisièmement enfin le suffixe peut englober une syllabe entière. Une forme des plus intéressantes sous ce rapport est *meridi-onalis* au lieu de *meridi-alis*, d'après *septentrion-alis.* Non moins instructif est le suffixe latin *-er-no-* traité par Corssen, *Aussprache*, I, 235, note.

[1] Ou bien est-il permis de conjecturer, pour le pronom réfléchi, que le grec a possédé primitivement une forme correspondant au latin *sibi*, qui aurait pu être *σεφί et qui se serait abrégée en σφί pour une raison qui nous échappe (comparez le zend χšmáδ et *yušmáδ*)? Cette forme était de fondation datif singulier (ainsi *Hymnes homériques*, XIX, 19) aussi bien que datif pluriel, de même que toutes les formes du pronom réfléchi dans d'autres langues servent en même temps pour les deux nombres. Il faut croire que tout le pluriel et le duel du pronom réfléchi sont créés à l'aide de cette seule forme sur le patron de la première et de la deuxième personne : σφεῖς, σφέων et σφῶν, aussi σφείων; σφέ, σφέας et σφᾶς, puis σφωέ, σφω·ίν et leurs équivalents σφώ, σφῶϊν (comparez ῖ-φι, d'où ἴφι-ος (ἴφια μῆλα), ῖφι-ς Ϝίφι-ιο-ς, Ϝιφι-άδαν, acc. (*Bull. de corr. hellén.*, 1880, p. 43, l. 156).

t-elle comme il suit. Partant des cas obliques qui étaient sortis des racines *asma-*, *yushma-*, on aurait formé, en analogie des nominatifs des autres pronoms, les nouveaux nominatifs *asme*, *yushme* (comme *te*, *ye*) pour *vayam* et *yûyam*. Et, en pâli, *tumhe* (métaplasme de **yumhe*) s'est réellement conservé pour la deuxième personne. Mais, dès lors, deux cas, tout à fait différents par leurs fonctions, le nominatif et le locatif, coïncidaient en une seule forme, et c'est peut-être pour cela qu'on employa *asme* et *yushme* comme des cas généraux.

Que ferons-nous des datifs pluriels du grec?

Voici les formes :

Lesb. ἄμμι et ἄμμιν, ὔμμι et ὔμμιν [ἄ-σϕι].
Béol. ἁμῖν, οὐμῖν.
Dor. ἁμίν, ὑμίν (ἐν ὀρθῇ τάσει) et ἄμιν, ὔμιν (encliptiquement)
     [σϕί, σϕίν, syrac. ψίν, lac. ϕίν].
Ion. ἡμῖν, ὑμῖν [σϕί].

La comparaison de toutes ces formes prouve (puisqu'en grec il faut *à priori* regarder les formes sans *ν* comme plus anciennes) que ἄμμι et ὔμμι sont les types originaires. Traduits en sanscrit, ils donneraient **a-smi*, **yu-smi*, c'est-à-dire précisément les formes que nous cherchions auparavant pour le locatif singulier et qui ont été remplacées par des formations nominales. A la vérité, les locatifs sanscrits de cette espèce finissent tous en *-smin*, et, en lithuanien, M. Hugo Weber veut de même rétablir une nasale dans cette désinence. (Voyez *Archiv für slav. Philol.*, IV, 492.) Cependant le vieux bactrien n'a que des locatifs sans *n* : *a-hmi*, *aêta-hmi*, *hƑa-hmi*, *ka-hmi*, *ya-hmi*, *ma-hmi*, *ꝯ6a-hmi*. Et puisque les lois phonétiques de cette langue n'admettent pas plus que celles du grec la chute d'un *n* final, la forme en *-smi*, exigée par le grec, doit être, à ce qu'il semble, celle de la langue primitive. Mais, en ce cas, d'où vient l'*n* sanscrit? On le voit, c'est un embarrassant dilemme et qu'il vaut peut-être mieux trancher en disant : Les locatifs en *-smin* sont primitifs, et les formations en *-smi* sont des innovations d'après le modèle de tous les autres locatifs en *-i* de déclinaison nominale. Pour ma part, je laisse la question en suspens.

En grec, lorsqu'on *pluralisa*, comme nous l'avons vu, le génitif et l'accusatif, on attacha à ἄμμι, ὔμμι le suffixe du pluriel *-σι*; telle était, en effet, la forme de cette désinence dans les temps panhelléniques. De là ἄμμι-σι, ὔμμι-σι et, plus tard, après la chute régulière du σ, ἄμμι, ὔμμῑ, puis avec affixe nasal ἄμμῑν, ὔμμῑν, ou, dans l'état où ces formes sont connues historiquement, ἁμῖν, ἡμῖν, οὐμῖν, ὑμῖν.

C'est un autre procédé de formation qui produisit, à une

époque plus récente, le lesb. *ἄμμε-σιν*. Ici le suffixe *pluralisant* est venu se greffer, non sur un locatif, comme dans *σφι-σί* à côté de *σφί*, mais sur une racine *ἄμμε-* abstraite du nominatif, du génitif et de l'accusatif. Cette forme rappelle *πόλε-σι* au lieu de **πόλι-σι*.

Une fois que l'usage eut consacré les locatifs pluriels qu'on vient de voir, quelques dialectes modifièrent à leur image la forme du singulier. Ce fait d'analogie a pu être déterminé par la conformité des accusatifs au singulier et au pluriel :

$$
\begin{array}{l}
\text{Ἐμίν : ἄμμιν} \\
\text{Ἐμίν-η : ἄμμῖν}
\end{array}\Bigg\} = μέ : ἄμμε.
$$

$$
\begin{array}{l}
\text{Τίν}^{1} \text{ : ὕμμιν} \\
\text{Τίν-η : ὕμῖν}
\end{array}\Bigg\} = τέ : ὕμμε.
$$

La tendance à rendre pareils par le suffixe les mêmes cas de différents nombres nous est connue déjà par l'exemple *aham : vayam*. Ajoutons le vieux haut allemand *uns-ih, iw-ih*, d'après *mih, dih*; dans ce dernier cas probablement parce que *sih* était employé à la fois pour les deux nombres.

En grec, ces formes firent considérer *-ιν* comme suffixe caractéristique du datif, ce qui engendra, à côté de *ἐμίν, τίν, ἵν*, la nouvelle série : *τε-ΐν, έ-ΐν* (comparez *σέ-θεν, ἕ-θεν*), et au duel, sur la base des nominatifs *νώ, σφώ*, les datifs *νῶ-ιν, σφῶ-ιν* (cf. *açvâ-bhyâm* du nominatif *açvâ*, *akshî-bhyâm* du nominatif *akshî*, Joh. Schmidt, *Zeitschrift*, XXV, 6).

ε. LES GÉNITIFS ET ABLATIFS.

Dans ce cas de la déclinaison, il faut séparer complètement les langues ariennes du grec.

Les génitifs sanscrit *mama*, zend *mana*, sanscrit-zend *tava* sont des racines employées comme des neutres et signifient réellement « le mien », « le tien » (comp. goth. *mein-a*). Nous avons parlé à la page 4 de *tava*. En ce qui concerne *mama*, on peut douter si la seconde syllabe a pris l'*m* pour s'assimiler à la première, ou s'il y a deux suffixes différents dans *mana* et *mama*, comparables, l'un au suffixe de *e-na*, l'autre à celui de *sa-ma, i-ma*. Cette dernière hypothèse n'aurait rien de plus étrange que la variation des suffixes qu'on observe dans *açva : eka*.

Les neutres sanscrits *asmâkam, yushmâkam*, zend *ahmâkem*, vieux persan *amâ-χam*, zend *yušmâkem* ou *χšmâkem* font fonction de génitifs au pluriel. La longue *â* devant le suffixe *-ka* est irrégulière

---

¹ Si *τίν* a été employé, ainsi que *νίν* et *μίν*, comme accusatif, c'est que cette forme, dont on oubliait l'origine, ressemblait à l'accusatif d'une racine en *-i*.

(comp. *mama-ka*, *tava-ka*), et on ne doit pas douter qu'elle n'ait été empruntée à l'instrumental déjà dans la période arienne, comme c'est le cas pour le locatif *asmá-su*. Sur le patron de *yušmá-kem* le zend forma ensuite analogiquement *yavá-kem* (forme du duel), et il conserve cet *á* long devant d'autres suffixes encore, par exemple dans *yušmá-vañδ*, dont on ne pourrait expliquer autrement la voyelle longue, étant donnés *aętă-vañδ*, *yă-vañδ*, *ă-vañδ*, *avă-vañδ*.

Nous passons aux ablatifs des pronoms personnels : scr. *mát*, *tuát*, *tvát* et *tavát*, *asmát*, *yushmát*, d'après lesquels *yuvát* (une fois dans le Rigveda) et *avát* (deux fois dans la Tâittiriya-Samhitâ, comparez Whitney, *Ind. Gramm.*, p. 181); zd. ϑϐaδ, · χšmaδ, *yûšmaδ*. Si nous considérons que ces formes, employées partout comme des ablatifs, ressemblent absolument aux formes *yat*, *tat*, zd. *yaδ*, *taδ*, qui font fonction de neutres, il devient très probable que l'ablatif remonte, tout comme le génitif (*mama*, *tava*, *ta-sya*), à une forme neutre, c'est-à-dire que le *t* (indo-européen *d*), ainsi que *-sya*, ne sont point des désinences de cas, mais des suffixes formatifs de racines. Car *ma-t* : *mama* (formes signifiant toutes deux : «ce qui ME concerne») = *ta-t* : *ta-sya* («ce qui LE concerne»). Sur ce sujet, comparez Curtius, *Studien*, VI, 417, notamment les lignes suivantes : «Auf den Gedanken nämlich, dass in den indischen Ableitungen und Zusammensetzungen mit den Stämmen *mat*, *tvat*, u. s. w. wirklich Ablative standen, wird man nicht leicht verfallen. Bildungen wie *asmat-sakhâ* «unser Freund» (schon im Rigweda), *mad-yañk* (eben da) «gegen mich gewendet», *asmad-vidhas* «unsersgleichen», *tvad-rik* «auf dich zu», *mad-vat* «nach meiner Art», dann abgeleitete Adjective wie *mad-îyas* «mein», *tvad-îyas* «dein», *tvat-ka* «Du-chen», Diminutiv von *tvat-* wie das gleichbedeutende *tva-ka-t*, endlich die ablativischen Adverbien *mat-tas*, *tvat-tas*, in denen, wäre das *t* von *tvat* ablativisch, ein Ablativsuffix an das andere treten würde, lassen über die nicht ablativische Natur der Stammformen keinen Zweifel bestehen.»

Quant au génitif singulier des pronoms grecs, je maintiens d'une façon générale l'opinion que j'ai déjà eu l'occasion d'émettre dans les *Studien* (X, 69) que ce cas remonte à un ancien ablatif. Toutefois différents points de détail appellent des modifications.

Selon l'analogie des formes des ablatifs sanscrits, je suis parti, avec raison, je crois, des primitifs **mayat* (qui serait en indo-européen **mejod*), venant de la racine *maya-* = *mejo-* (comp. *meus*) et *tavat*, formation se trouvant encore dans le *Véda;* mais je me trompais en regardant le dorien ἐμέος comme une dérivation directe de l'archétype. En revanche, les formes posées donnent, d'après les règles grecques, **ἐ-μέjo* et **τέϝo*. La forme homérique ἐμεῖο a conservé la trace de la spirante *j* de *ἐμέjo; dans τέϜο, la spirante a tout à fait disparu, et la plupart des nombreuses formes dialectales sont issues de ἐμέο et τέο :

Dorien : ἐμέο, lequel devient tantôt ἐμίο, tantôt ἐμεῦ: τέο, qui devient τεῦ.

Dans les poèmes d'Homère, à côté de ἐμεῖο, on a encore ἐμέο et ἐμεῦ.

Attique : ἐμοῦ, μοῦ; homér. σέο, σεῦ; att. σοῦ.

Pour réduire toutes les formes à une base commune, j'admets que les génitifs attiques sont, eux aussi, des formes d'ablatif, et je préfère cette explication à celle qui ferait de μοῦ et σοῦ les génitifs des adjectifs ἐμός et σός, à la manière du latin *mei, tui, sui*.

Les formes non contractes, ἐμέο et τέο, devaient paraître fort singulières aux Grecs habitués à des génitifs en -*os* et en -*ου*, ou, dans certains dialectes, en -*ω*. C'est ce qui explique que les dialectes éolien et dorien aient cherché à leur donner un aspect de génitif plus caractérisé en changeant la désinence ablative *o* en *os*. Ainsi naquirent, en dorien ἐμέος, ἐμεῦς et ἐμοῦς, τέος, τίος; en crétois τέορ et τεῦς; en béotien ἐμοῦς. Les génitifs attiques échappaient naturellement à cette innovation, parce que la contraction de εο en ου les avait associés aux génitifs nominaux comme ἵππου, et qu'ils satisfaisaient ainsi le besoin d'analogie.

Peu à peu, dans les deux types de génitif qu'on vient de voir, le pronom réfléchi et la seconde personne se créèrent encore de nouvelles formes sur le modèle de la première. D'après ἐμεῖο, où la spirante s'est vocalisée, on fit σεῖο, εῖο[1]; d'après ἐμοῦς on forma τεοῦς (dor.-béot.), εοῦς.

En ce qui concerne τεοῦ, εοῦ, on peut douter s'il faut admettre une formation analogique d'après ἐμοῦ, ou si τεοῦ, εοῦ ont été fournis par les adjectifs τεός, εός, comme c'est certainement le cas pour τεοῖο, τοῖο (dans Hésychius ἀμφὶ τοῖο · περὶ σοῦ), σοῖο (= *tva-sya, zd. ꝫϐa-hya).

Les autres ablatifs qui font fonction de génitifs, ἐμέω (ἐμίω) et ἐμέως (ajoutez ἐμίως et ἐμῶς contracté de ἐμέως), τέω (τίω) et τέως (τίως), sont des ablatifs selon la déclinaison nominale et sont aux racines *mejo- et *tevo- comme οὕτω et οὕτως sont à οὑτο-.

Enfin, les formes ἐμέ-θεν, σέ-θεν, ἕ-θεν et Ϝέ-θεν, qui sont lesbiennes, doriennes et homériques, n'ont rien de commun avec les différentes formes de génitifs citées jusqu'ici. Syntaxiquement, en revanche, elles s'en rapprochent, puisqu'elles avaient aussi primitivement la signification d'ablatifs.

---

[1] Ἐεῖο doit s'expliquer comme ἐέ, ἐίν (p. 9, 16).

NOTE COMPLÉMENTAIRE
SUR LE PRONOM PERSONNEL GERMANIQUE.

En terminant ces remarques sur le singulier et le pluriel et avant d'aborder le duel, nous devons considérer un peu plus en détail les formes variées des pronoms personnels en germanique. Au singulier, elles sont en général assez claires; mais les deux autres nombres offrent de sérieuses difficultés.

On peut aisément reconstruire de la manière suivante le paradigme primitif du singulier :

ik,   mîn,   mis,   mik
thû,   thîn,   this,   thik
sîn,   sis,   sik.

Comparez goth. *ik, mein-a, mis, mik;* þu, þein-a, þus, þuk (voyez p. 5, n. 1); *sein-a, sis, sik,* et vieux haut allem. *ih, mîn, mir, mih; dû, dîn, dir, dih; sîn, sih.*

Les nominatifs *ik* et *thû* (allongé comme en slave *ty,* boruss. *tou,* voyez p. 7, n.) sont très clairs; il en est de même de l'accusatif *mi-k, thi-k, si-k* (en grec *ἐ-μέ-γε, σέ-γε, ἕ-γε*). Pour *mîn, thîn, sîn,* voyez p. 5. Il n'y a que *mis, this, sis* qui, dans leur élément suffixal, résistent à toute explication convaincante.

Voici les formes du pluriel :

PREMIÈRE PERSONNE.

	Goth.	Vieux norr.	Anglo-sax.	Vieux sax.	Haut allem.
Nominatif......	*veis*	*vér*	*ve*	*uuî (wî)*	*uuir*
Génitif........	*unsara*	*[var]*	*ûser*	*ûser*	*unsêr*
Datif.........	{*uns*	} *oss*	*ûs*	*ûs*	*uns*
Accusatif......	{*unsis*		*ûs(ic)*	*ûs*	*uns-ih.*

DEUXIÈME PERSONNE.

	Goth.	Vieux norr.	Anglo-sax.	Vieux sax.	Haut allem.
Nominatif......	*jus*	*ér*	*ge*	*gî, ge*	*ir*
Génitif........	*izvara*	*yð(v)ar*	*eóver*	*iuuer*	*iuuêr*
Datif.........	{*izvis*	} *yðr*	*eóv*	*iu*	*iu*
Accusatif......	{		*eóv-ic*	*iu*	*iuuih.*

De cet aperçu des formes il résulte :

1° Que les nominatifs de toutes les langues germaniques sont formés des racines *va-* et *ju-*. Les formes primitives étaient certainement, pour la première personne : **vis, *ves* (comme *ik* pour **ek, mik* pour **me-k, vit* pour **ve-t*); comparez le sanscrit *vas,* le vieux bactrien *vô*, le latin *ves-* dans *ves-ter;* la longue du vieux norrois *vér* est normale, et celle du gothique *veis* est formée d'après le modèle des nominatifs comme *ansteis*, etc. Pour la deuxième personne : *jus*. Les nominatifs *ér* et *ir* ressemblent, relativement au vocalisme, aux formes correspondantes de la première personne.

2° Que les autres cas sont dérivés de *uns-* et *iu-*. Les formes fondamentales des datifs et des accusatifs, lesquels coïncident ou ont coïncidé partout, sont *uns* et *iu;* elles sont conservées dans plusieurs des dialectes cités. Les exemples où ce type est modifié sont : le gothique *uns-is*, *izv-is* (pour **iu-is* [1]), le vieux norrois *yðr* (pour **yðv-r*, **yv-r*, **iu-r*), le vieux haut allemand *uns-ih*, *iw-ih*, *iu-ch*. Ils ont dû leur transformation à l'influence des cas du singulier *mis*, **this*, *sis* (en vieux norrois *mér*, *þér*, *sér*) et *mih*, *thih*, *sih*. Enfin, nous voyons de même que les génitifs ont tous pour base *uns-* et *iu-* : goth. *uns-ara*, haut allem. *uns-ér*, goth. *izv-ara* pour **iu-ara*, vieux norr. *yð(v)-ar* pour **yu-ar*, **iu-ar*, haut allem. *iw-ér*. Seul le génitif scandinave *var*, au lieu d'**ossar* que nous attendions, offre une innovation en vertu de laquelle le suffixe a été ajouté à la racine du nominatif.

Il reste à expliquer ces formes *uns* et *iu*.

A nos yeux, *iu* est indubitablement la racine employée pour l'accusatif, et ensuite aussi pour le datif, exactement comme au singulier *ma*, *tva*, *sva* (voyez p. 9) et au pluriel *asma*, *yushma*, ἄμμε, ὔμμε (p. 10). Cet *iu* atteste de nouveau l'ancienneté des accusatifs-racines. De la même racine vient le nominatif *ju-s* (p. 11).

Autre était la formation de la première personne. Qu'est-ce que *uns?* En indo-européen, pour le pluriel, «il faut *n̥-sma*, d'où sortent, avec une égale régularité, le gothique *uns*, le sanscrit *asmád*, le grec (éol.) ἄ-μμε=**ἀ-σμεη* (F. de Saussure, *Syst. prim.*, p. 25). Nous obtenons de la sorte une racine *n̥-*, et nous pouvons construire un nominatif *n̥-s*, qui, en germanique, devint forcément *uns* (vieux norr. *oss*, assimilé). Mais une forme comme *un-s* est le parallèle le plus parfait de *ju-s;* et *un-s : ju-s =* ἄμμε-ς *:* ὔμμε-ς *= na-s : va-s.*

Le germanique employait cet ancien nominatif au lieu de l'accusatif et du datif, ce qui est arrivé aussi pour le sanscrit *nas* et *vas.*

Enfin, quant à la formation du génitif *uns-ara* (*uns-ér*), il vient de *uns* comme le lithuanien *múnsu* ou *mús-u* (gén.) de *muns*, *mùs* (acc.) et *mūsyjè* (loc.) de *mūs-* plus *-yjè* (d'après *manyjè*), comme

---

[1] Voyez Windisch, *Studien* de Curtius, II, 249, note; G. Schulze, *Ueber das Verhältniss des z zu den entsprechenden Lauten der verwandten Sprachen*, Gœttingue, 1867, p. 32.

le slave *nasŭ* (loc.) de *nas-* plus *-su*, et comme le sanscrit *te-shu*,
amî-shu de *te*, *amî* (nom.) plus *-shu* (comparez Joh. Schmidt,
Zeitschrift de Kuhn, XXV, 6).

Nous anticipons ici pour pouvoir traiter les formes du duel
germanique conjointement à celles des autres nombres. Voici d'a-
bord le tableau des cas :

PREMIÈRE PERSONNE.

	Goth.	Vieux norr.	Anglo-sax.	Vieux sax.	Haut allem.
Nominatif	*vit*	*vit*	*vit*	*uuit*	. . . . . .
Génitif	*ugk-ara*	*okk-ar*	*unc-er*	*uncero*	*unk-ar*
Datif	*ugk-is*	*okk-r*	*unc*	*unc*	. . . . . .
Accusatif	*ugk, ugk-is*	*okk-r*	*unc (it)*	*unc*	. . . . . .

DEUXIÈME PERSONNE.

	Goth.	Vieux norr.	Anglo-sax.	Vieux sax.	Haut allem.
Nominatif	. . . . . .	*it*	*git*	*git*	*ëz*
Génitif	*igqara*	*ykkar*	*inc-er*	. . . .	*ënk-er*
Datif	*igqis*	*ykkr*	*inc*	*inc*	*ënc*
Accusatif	*igqis*	*ykkr*	*inc*	*inc*	. . . . .

J'expose brièvement mon opinion sur ces formes.

Ainsi qu'au pluriel, l'accusatif et le datif coïncident au duel.
Leur forme primitive était indubitablement *unk* (vieux norr. *okk*)
et *ink*. Nous estimons 1° que le gothique *ugk-is*, le vieux norrois
okk-r sont formés comme *uns-is*, *yδ-r*, d'après les cas du singulier;
2° que le gothique *ugk-ara*, le vieux norrois *okk-ar* et, dans les
autres langues, *unc-ér* viennent de *unk-*, comme *uns-ara* du nominatif *uns*; 3° que le gothique *igk-vara*, *igk-vis* au lieu de **igk-ara*,
**igk-is*, le vieux norrois *ykk-(v)ar*, *ykk-(v)r* au lieu de **ikk-ar*, **ikk-r*
(comparez Wimmer, *Altnord. Gramm.*, p. 15) sont des innova-
tions spécialement gothiques et scandinaves faites d'après les cas
du pluriel *izv-ara*, *izv-is*, soit *yδ(v)-ar*, *yδ(v)-r*.

Quant à l'analyse d'*unk* et *ink* eux-mêmes, nous adhérons à
l'opinion de M. Leskien, qui pense que le *k* final est le même
qu'aux accusatifs du singulier *mik*, *thik*, *sik*. En conséquence, *unk*
se compose de la racine *n-*, en germanique *un-* et de l'élément *k*.
A la deuxième personne, la racine étant *ju-*, le même cas devrait
faire proprement **ju-k* et le génitif **juk-ara*. Je tiens pour vraisemblable que les formes **inkara*, **ink* au lieu de **iukara*, **iuk*
furent engendrées par voie d'analogie d'après *unk-ara*, *unk*. Des
innovations de ce genre dans les formes correspondantes de deux
séries ne sont pas rares; comparez boruss. *n-ouson* d'après *jou-son*,
n-oumans d'après *jou-mans* (voyez la discussion de M. Leskien),
en latin *n-inguli* d'après *singuli*, *sen-exter* d'après *dexter* et autres
exemples (*Kuhn's Zeitschrift*, XXV, 233).

Nous nous abstenons d'émettre aucune opinion à l'égard de la forme du nominatif duel germanique.

ζ. LE NOMINATIF DUEL.

Le duel du pronom ne s'est conservé que dans un petit nombre de formes. Parmi les langues sur lesquelles notre étude a porté jusqu'ici, le sanscrit et le grec sont les seules à considérer, puisque le latin n'a point de duel et que l'unique forme du zend, *yavâkem*, a déjà été traitée.

Les nominatifs du duel indiens sont : védique *vâm* « nous deux », que le sanscrit postérieur remplace par *âvâm*, et *yuvâm* « vous deux ». L'idiome védique distingue *yuvam*, pour le nominatif, de *yuvâm*, qui est l'accusatif. Formes enclitiques : *nau* et *vâm*. En grec : νώ, σφώ; νῶ-ε, σφω-έ; νῶ-ϊ, σφῶ-ϊ.

Dans le *Véda*, les thèmes masculins en *-a* connaissent pour la plupart un duel en *-â* parallèle au duel en *-au* : *açvâ* et *açvau* (cf. Lanman, *Noun inflection in the Veda*, dans le *Journal of the american oriental Society*, vol. X, 1880, p. 340). Les formes des pronoms, excepté *nau*, duel du radical *na-*, ne répondent à aucune de ces deux formations. Toutefois il est naturel de ramener *vâm* à un vieux duel **vâ*, auquel serait venu s'adjoindre la même syllabe *-am*, qui a été accolée aux nominatifs des deux autres nombres.

Les formes les plus difficiles sont *âvâm*, *yuvam* et *yuvâm*. Premièrement, ont-elles le caractère de duels? On le peut nier hardiment pour *yuvam*. Je préférerais, à tout prendre, voir dans *yuvam* (nominatif) et *yuvâm* (accusatif) une imitation du singulier *tuam* et *tuâm*, de même qu'à l'ablatif *yuvat* était fait d'après *tuat* en partant de la racine du pluriel *yu-* qui se trouve dans *yu-shma-*. Mais cette explication ne satisfait point. D'une part, en effet, *yuv-am*, — aussi bien que *su-am*, autre formation analogique dérivée de *tu-am* et *ah-am*, — est restreint à l'idiome védique. D'autre part, *yuvâm* est inséparable de *âvâm*, et *âvâm* ne comporte pas une telle explication.

Ceci tendrait à établir que *âvâm* et *yuvâm* sont de véritables duels. Où est alors le signe caractéristique de leur nombre? On soupçonne d'abord qu'ils contiennent l'appendice *-am* déjà observé dans les nominatifs du singulier et du pluriel. Retranchant *-am*, nous obtenons ou bien **âva(-am)*, **yuva(-am)*, ou bien **âvâ(-am)*, **yuvâ(-am)*. La première couple de formes ne répond à rien. La seconde pourrait représenter le duel des radicaux **âva-*, **yuva-*. Mais ces radicaux n'existent pas : à côté des formes *na-* et *va-* nous ne connaissons que *a-* et *yu-* (qui viennent de *a-sma-*, *yu-shma-*).

Régulièrement *a-* et *yu-* donneraient au duel : *â* (soit *au*) et *yû*.

Il semble de fait que ce duel soit encore reconnaissable dans la première personne *âvâm*. Supposons la finale *-âm* empruntée aux accusatifs du singulier *mâm*, *tvâm*, *svâm*, la forme *âvâm* se décomposera naturellement en *âu + âm*. Toutefois cette hypothèse n'est pas non plus exempte de difficultés. A la deuxième personne, elle ferait attendre *yûvâm* et non *yuvâm*. Quant à la première personne, il reste à savoir si l'on a le droit de supposer une racine *a-* pouvant faire *au-* au duel; car l'*a* de *asma* est expliqué par M. de Saussure comme le représentant d'une nasale sonante.

Prenons une autre voie encore pour arriver à une solution meilleure. Essayons de diviser ainsi : *â-vâm* et *yu-vâm*. Le second élément nous est bien connu : *vâm* signifie dans le *Véda* «nous deux», dans le sanscrit classique «vous deux». J'en infère que *vâm* s'employait à l'origine pour les deux personnes indifféremment. Ainsi s'explique que la même racine *va-* ait donné *vayam*, zd. *vaęm* «nous» en même temps que *vas*, zd. *vô*, *vă*, latin *vos* «vous». Voici dans quel ordre les faits se seront passés : Primitivement *vâm* servait aux deux personnes; puis, lorsque *nau* fut introduit, *vâm* fut attribué à la deuxième personne dans l'emploi enclitique. Dans l'emploi emphatique, il resta commun à l'une et à l'autre : on se contenta, pour déterminer la personne, de préfixer *a-* et *yu-* (tirés de *a-sma-* et *yu-shma-*). Ceci donna **avâm* et *yuvâm*. L'explication est complète pour *yuvâm*. Elle ne rend pas compte de l'*â* long initial dans *âvâm*, et comme il serait arbitraire de le supposer dû à un allongement hystérogène, nous avouons qu'aucune hypothèse ne nous semble satisfaisante de tous points.

En grec, l'*â* indo-européen du duel se reflète, comme on devait l'attendre, dans *ω* : *ἵππω = açvâ*. Il n'y a aucune probabilité à reconstruire **ἀνθρώπω-ε* (d'où par contraction *ἀνθρώπω*); il y en a encore moins à supposer, avec Kühner[1] et M. Bieber[2], **ἀνθρώπο-ε*, qui eût donné *ἀνθρώπου*.

Les formes *νώ* (dans Homère, par ex. E 219, ο 475) et *σφώ* (employé enclitiquement : Antimaque cité par Apollonius, *De pronom.*, 113 c) sont les plus anciennes, et elles concordent avec la formation nominale. Veuillez comparer, au sujet de leur emploi, une dissertation, remarquable par son exactitude, de M. Aug. Roeper : *De dualis usu Platonico*, Gedani, 1878.

Les formes *νῶε*[3] et *σφωέ*[4] sont des créations analogiques ayant

---

[1] *Gramm. grecque*, 2ᵉ éd., I, 291.

[2] *De duali numero apud epicos, lyricos, Atticos.* Iena, 1864, p. 4.

[3] Νῶε se trouve dans Corinne, fr. 5 (Bergk) et dans Antimaque (Apollonius, p. 373 B : διὰ τοῦ ε ἡ νῶε παρὰ Ἀντιμάχῳ ἐν Θηβαΐδι).

[4] Outre les références homériques (*Il.*, I, 8; X, 546; XV, 155; XVII, 531, *Od.*, VIII, 317); cf. *Etym. magnum*, p. 730, 20 : σφωέ ἀντωνυμία ἐσῂ τρίτου

pour modèle la déclinaison des thèmes à consonnes. M. Bieber cite de même un σφῶ-ε appartenant à la deuxième personne d'après Apollonius Dyscole, p. 374 A, où se trouve le commencement d'un vers d'Ixion ainsi conçu : Ἀμφοτέρω γὰρ σφῶε φιλεῖ, et où il est dit expressément : Βίαιος ὁ Ἰξίων ἐστὶ τὴν σφῶε καὶ ἐπὶ δευτέρου τάσσων. Il était tout naturel que le duel des thèmes à consonne fît prendre -ε pour l'indice du duel. On imposa par superfétation cet -ε à des formes qui étaient déjà pleinement caractérisées comme duels. C'est le même phénomène qui a donné au nominatif pluriel des masculins en -a, la terminaison sanscrite -âs-as (Lanman, p. 344) = vieux perse -âha, zd. ânhó. Dans le même ordre de faits se placent : l'adverbe adharât-tât « en bas », le datif homérique τοίσδ-εσσι au lieu de τοῖσδε (et semblablement en serbe ti-zi-jeh, Leskien, *Decl.* 112), le génitif τωνδέ-ων pour τῶνδε, le comparatif ἀσσο-τέρω (Odyssée) tiré de ἆσσον qui est lui-même comparatif, πρώτιστος tiré de πρῶτος (cf. véd. *jyeshṭa-tama-*, goth. *aftum-ists*, ital. *ottim-issimo*). On peut comparer encore le tour pléonastique italien *con meco, con teco, con seco*, le curieux composé *ambedue, amendue*, vieil esp. *ambosdos* (Diez, *Gramm. des l. rom.*, II, 444).

Une inscription en vieux laconien, publiée dans le *Bulletin de correspondance hellénique*, III, 96, offre un pendant intéressant à la forme νῶε. Il est dit que des esclaves ont été immolés à Poséidon, Ménécharidas et Andromédès étant ἐπάκοε. C'est le duel de ἐπή-κοος « témoin ». Nous trouvons, d'ailleurs, ἐπακόω dans d'autres inscriptions du même type et relatives à des faits semblables (Foucart, 255 a et b)[1].

Une troisième forme pour le nominatif duel est νῶϊ (cinquante et une fois dans Homère; Cauer, *Stud.*, VII, 119), σφῶϊ (onze fois dans Homère; Apollonius, *De pronom.*, 109 c). Schleicher en donne une singulière explication : « νῶι scheint nach der Analogie des Dativ gebildet zu sein » (*Compend.* 640). M. Bieber dit sans plus de probabilité, *loc. cit.*, p. 15 : « Propria igitur Homeri forma erat νῶϊ, sed, ubi versus postulat, νώ posuit. » Pour l'explication de l'i de νῶ-ϊ, je suis d'accord avec M. Cauer (*Stud.*, VII, 111) : je le tiens pour un élément démonstratif ajouté à une forme déjà complète. On pense aussitôt à l'attique οὗτοσ-ί, αὐτη-ί, à l'éléen

προσώπου, et Hésychius : σφωέ (cod. σφῶε)· ἑαυτούς· ἔστι δὲ τοῦ τρίτου προσώπου.

[1] De même les duels védiques *deva*, *dhṛtavrata, mitrâvaruṇa* sont des formations analogiques d'après les duels de thèmes à consonne, qui, primitivement, avaient la désinence -a (ou mieux -e = gr. ε), conservée encore dans *samrâj-a, vṛtra-han-a* :

Ἐπάκοε (d'après φύλακε) : ἐπακόω = *deva* (d'après *samrâja*) : *devâ*.
= néogr. γλῶσσες (d'après νύκτες) : γλῶσσαι.

το-ί (*C. I. G.*, I, 11 : ἄρχοι δέ κα τοί) et τα-ί (αἰ δέ τιρ τὰ γρά-
φεα ταὶ καδαλέοιτο κτλ. *ibid.*), aux accusatifs doriens ἐμεί, τεί
(Ahrens, II, 253), ainsi qu'au béotien τε-ί (Beermann, *Stud.*,
IX, 74). L'article béotien offre τοι-ί, το-ί, τυ-ί. Même suffixe dans
le lithuanien *tai* au neutre, dans l'ombrien *pis-i*, *piṛ-i*, etc. Une
fois l'*i* indissolublement uni à la forme du nominatif[1], on forma
νωΐ-τερος (épique à partir d'Homère), σφωΐ-τερος («appartenant
à vous deux», *Il.*, I, 216, plus tard aussi «ton, son»), tandis
qu'il faudrait régulièrement : *νό-τερος, *σφό-τερος (cf. ἄμφω et
ἀμφό-τερος). La forme fléchie y est prise telle quelle pour base de
la dérivation, comme dans le latin *nôs-ter* et *ves-ter*. Cf. zd. çpeñtô-
tema, Brugman, *Stud.*, IX, 269.

η. LE DATIF-INSTRUMENTAL DUEL.

La première personne *âvâbhyâm* et la deuxième *yuvâbhyâm* sont
parallèles à la forme nominale *açvâbhyâm*. Ainsi que l'a établi
M. Joh. Schmidt, *Zeitschrift*, XXV, 6, la voyelle longue qui pré-
cède la désinence a sa source dans le nominatif. Cf. *amû-bhyâm*
d'après *amû* (par contre *bâhubhyâm*). Une seule forme a conservé
la brève, c'est *yuvăbhyam* fréquent dans le Rigvéda. On ne peut
douter qu'elle n'ait obéi à l'influence de *mă-hyam*, *asmă-bhyam*,
yushmă-bhyam, de même que *yuv-am* a subi celle de *tu-am*, et
yuv-at celle de *tuat*.

θ. LE GÉNITIF-LOCATIF DUEL.

Il présente les formes *âvayos*, *yuvayos* et *yuvos*. Ici le zend lui-
même diffère du sanscrit dans la désinence. Son -*â* ou -*âs* (dans
-*âs-ca*) suppose, selon les lois de cette langue, un ancien -*âs*. Le
slave avec sa désinence -*ŭ* (*vlŭkŭ*) est moins éloigné du sanscrit;
car *vlŭkŭ* remonte à *vlŭkaus* (Leskien, *Decl.*). Nous sommes donc
amenés à admettre pour l'époque indo-européenne une double terminaison -*âs*, -*aus*, répondant à la double terminaison -*â*, -*au*,
précédemment admise au nominatif.

Ce cas de la déclinaison offre en sanscrit bien des singularités.
La couche la plus ancienne paraît être composée des formes
comme *yos* de *ya-*, *avos* de *ava-*, *enos* de *ena-*, *niṇyos* de *niṇya-*,
pastios de *pastia-*, *pâshios* de *pâshia-* (Lanman, p. 344). Voilà les
formes d'où une désinence -*os* fut abstraite pour entrer dans la
flexion des thèmes à consonne (en s'ajoutant à la forme faible du
thème). De même, au nominatif, l'influence de *açvâ*, *açvau* avait

---

[1] La forme νῷ citée par les grammairiens est sans valeur. Apollon. Dysc., *De
pron.*, 370 B; *Etym. magnum*, 609, 42.

fait naître *haritâ*, *haritau* à la place de l'ancien *harit-ă*. Les thèmes en *-i* et en *-u* formèrent également *indrâgni-os*, *bâhu-os*, les thèmes en *-r mâtros* et *mâtaros*. Dès lors *-os* était devenu le suffixe caractéristique. Partout il se détachait clairement du radical, sauf dans les thèmes en *-a*, où *-os* flottait entre thème et désinence. Pour marquer le radical, on alla emprunter un suffixe *-yos* à la déclinaison en *-i*, et, en l'adaptant au thème pur, on fit *açva-yos*, *ya-yos* à côté de *yos*. Rappelons à ce propos qu'au duel neutre *çuci-nî* et dans *çuci-nos*, *tanu-nos*, *dâtṛ-nos*, les terminaisons *-nî* et *-nos* sont tirées par le même procédé de *nâmnî*, *nâmnos*.

Dans la déclinaison pronominale *yuvos* vient du radical *yu-*, et *âvayos*, *yuvayos* dérivent, selon la formation décrite ci-dessus, de thèmes fictifs *âva-*, *yuva-*.

En grec, les génitifs du duel des pronoms personnels sont :

Dans Homère, *νῶϊν*, employé, d'après le relevé de M. Cauer, une fois comme génitif et vingt-deux fois comme datif (cf. Apollonius, *De pronom.*, 109 *c*); l'attique *νῷν* (Roeper, p. 16); *σφῶϊν*, qui est trois fois génitif et onze fois datif dans Homère; enfin *σφῷν* dont il ne se sert qu'une fois (*Od.*, IV, 62) et *σφωΐν* qui revient huit fois.

Jusqu'ici on a toujours admis une étroite connexion entre les formes précitées et le génitif-datif duel en *-οιν* ou *-οιϊν* (*τοῖιν*, *Il.*, XI, 110; XIII, 66; XXIII, 336, etc.). Aucun essai d'explication n'a encore rendu compte de cette terminaison *-οιν*, *-οιϊν*. Les linguistes ramenaient anciennement *-οιϊν* à **-οιφιν* = **aibhyâm*, hypothèse impossible pour deux raisons. Premièrement la contraction de *iâ*, gr. *ιω* en *i*, que supposent Schleicher (*Comp.* 573), Bopp (*Vergl. Gr.*), Legerlotz (*Zeitschr.*, VIII, 50) avec d'autres savants, n'est pas admissible d'après les lois connues du grec. En second lieu, il sera difficile de prouver que l'indo-européen *bh*, gr. *φ*, peut disparaître en de telles conditions. Je ne suis point satisfait, en effet, par l'explication de Leo Meyer (*Gedrängte Vergleichung der gr. und lat. Decl.*, 63) «dass das *bh* zunächst in den Halbvocal *F* überging (**τοιφιν*, **τοιϝιν*) und dann ganz wich (*τοῖιν*)». Les exemples que Leo Meyer allègue à l'appui de cette théorie phonétique sont trop peu nombreux et trop contestables. Il y a peu de temps, M. Fick (*Beiträge* de Bezzenberger, I, 67) a proposé une autre solution. Selon lui, *τοῖϝιν ἵπποιϝιν*, — c'est sous cette forme que, d'accord avec Leo Meyer, il rétablit les primitifs grecs, — serait identique avec le *génitif duel* sanscrit *tayos açvayos*. M. Fick prétend que l'*o* de la finale sanscrite peut représenter **-ava-*. Il remonte ainsi à **tayavas*, **açvayavas*, d'où le grec aurait fait **το-ιε-ϝιν*, **ἱππο-ιε-ϝιν*, puis *το-ῑ-ιν*, *ἵππο-ι-ιν*. Comme on le voit sans peine, cette explication se heurte aux lois phonétiques, car l'*s* final se conserve toujours en grec.

Il faut convenir que le problème est des plus difficiles. Je présenterai néanmoins ma propre hypothèse, non que je sois convaincu de son excellence, mais parce que cet essai pourra contribuer à mettre d'autres sur la bonne voie.

En premier lieu, je sépare complètement la forme pronominale en question de la forme nominale. En effet, si le radical *ta-* a donné τοῖν, on ne peut attendre que **νοῖν* du radical *na-*. Ainsi qu'il a été exposé plus haut (p. 16), νῶ-ϊν doit être une création nouvelle obtenue en ajoutant au nominatif duel le suffixe du datif pluriel dans ἄμμιν, etc. Donc νῶ-ϊν : νώ = *duō-bus* : *duo* = *noster* : *nos* = slave *nasŭ* : **nas*.

Quant à la terminaison -οιϊν, -οιν, je crois qu'à l'origine elle n'avait rien de spécial au duel. J'y vois l'ancien locatif pluriel tel qu'il devait sortir du jeu régulier des lois phonétiques. La forme τοῖσι, ou, avec l'appendice nasal, τοῖσιν, répondent au sanscrit *teshu*, zd. *taęšu*, devait, par la chute normale du σ, devenir τοῖιν, τοῖν. Le ν final se place à côté de celui de ἡμῖν dont j'ai parlé plus haut.

La forme historique du datif pluriel, τοῖσιν, a été, comme l'admet M. Osthoff, restaurée d'après la déclinaison des thèmes à consonnes.

En ce qui concerne le féminin ταῖν χώραιν, il faut remarquer qu'il est à τοῖν ἀνθρώποιν comme χῶραι est à ἄνθρωποι, et sans même aller si loin, il a pu être fait directement sur le modèle de τοῖν ἀνθρώποιν.

Le fait que des formes du pluriel peuvent prendre la fonction de duels, comme nous l'avons supposé, est attesté par plus d'un exemple. En zend, *tå*, employé comme duel du masculin, représente sans doute un nominatif pluriel **tås* formé d'après la déclinaison nominale. De même le nominatif pluriel pronominal *tę* remplace le duel neutre. Inversement les nominatifs du pluriel *mašyå* et *mašya*, *tå aęsma*, etc. ne sont autre chose que des duels (Osthoff, *Morphol. Unters.*, II, 130). Le grec même nous offre, dans un exemple incontestable, une forme de pluriel employée comme duel. Je veux parler des thèmes neutres en -*s* qui, au duel, ont tantôt la forme non contracte en -ε-ε (ταρίχεε, Choerob., *In can. Theodos.*, I, 164 (Ox. 1842); γένεε, Plat., *Pol.* 260 B[1], et VIII, 547 B; ξυγγενέε, Aristoph., *Av.* 368; συγγενέε, Plat., *Eryxias*, 396 D), tantôt la forme contracte en -ει (*C. I. G.*, I, 150, § 5, σκέλει δύο, et § 48, δύο ζεύγει), mais en outre la forme en -η. Or cette dernière ne peut remonter qu'à -εσ-α et représente, par conséquent, le nominatif *pluriel*. Ainsi l'entendent Roeper, p. 12; Osthoff, *Morphol. Unters.*, II, 135.

---

[1] Dans tous les manuscrits, sauf Par. *b*.

Il m'a paru que l'explication de τοῖιν, τοῖν qui vient d'être proposée offrait moins de difficultés que les essais précédents. Néanmoins, je le répète, elle n'a pas la prétention d'être autre chose qu'une conjecture.